Henne

курица

Hahn

петух

Küken

цыпленок

Entenküken

утёнок

Truthahn

индюк

Esel

осёл

Schwan

лебедь

Frosch

лягушка

Waschbär

енот

Bär

медведь

Eichhörnchen

белка

Fliege

муха

Marienkäfer

божья коровка

Wurm

червь

Schnecke

улитка

Nacktschnecke

слизняк

Biene

пчела

Spinne

паук

Käfer

жук

Libelle

стрекоза

Löwe

лев

Zebra

зебра

Giraffe

жираф

Nashorn

носорог

Schlange

змея

Mücke

комар

meeresschildkröte

морская черепаха

Nilpferd

бегемот

alligator

аллигатор

Krokodil

крокодил

Hai

акула

Walross

морж

Pinguin

пингвин

Eisbär

белый медведь

Robbe

тюлень

Seestern

морская звезда

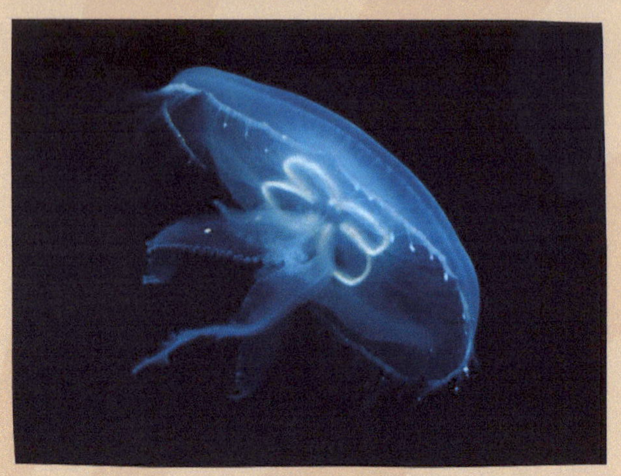

Qualle

медуза

Muscheln

ракушки

Feder

перо

11

elf

одиннадцать

12

zwölf

двенадцать

13

dreizehn

тринадцать

14

Vierzehn

четырнадцать

15

fünfzehn

пятнадцать

16

sechzehn

шестнадцать

17

siebzehn

семнадцать

18

achtzehn

восемнадцать

19

neunzehn

девятнадцать

20

zwanzig

двадцать

oval
овал

Pfeil
стрелка

Halbmond
полумесяц

Kurve

кривая

Spirale

спираль

Kreuz

крест

Zickzack

зигзаг

Regenbogen

радуга

dunkle Farben

тёмные цвета

helle Farben

светлые цвета

Punkte

точки

Linie

линия

klein

короткий

groß

высокий

ein wenig

немного

viel

много

voll

полный

leer

пустой

lockiges Haar

кудрявые волосы

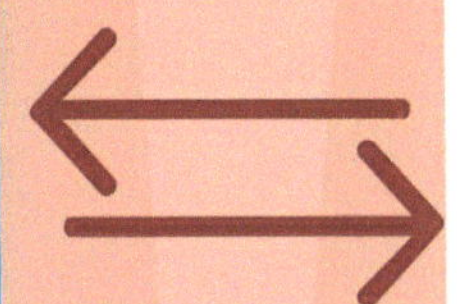

glattes Haar

прямые волосы

akzeptieren

принять

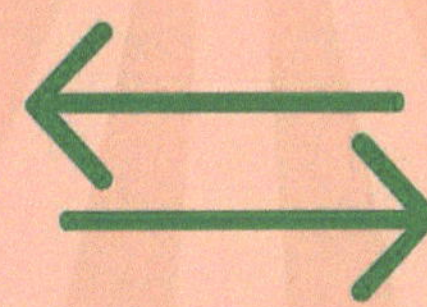

verweigern

отказать

одинаковый

разный

trocken

nass

сухой

мокрый

Spielzeuge

игрушки

Ball

мяч

Blöcke

кубики

Roboter

роботы

Zunge

язык

Nase

нос

Haare

волосы

Schnurrbart

усы

Finger

пальцы

Arm

рука

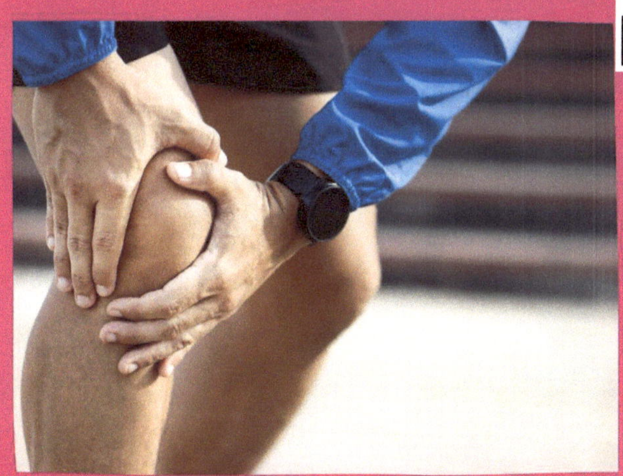

Knie

колено

Ellbogen

локоть

lächeln

улыбаться

küssen

поцелуй

weinen

плакать

Schmerz

боль

Körper

тело

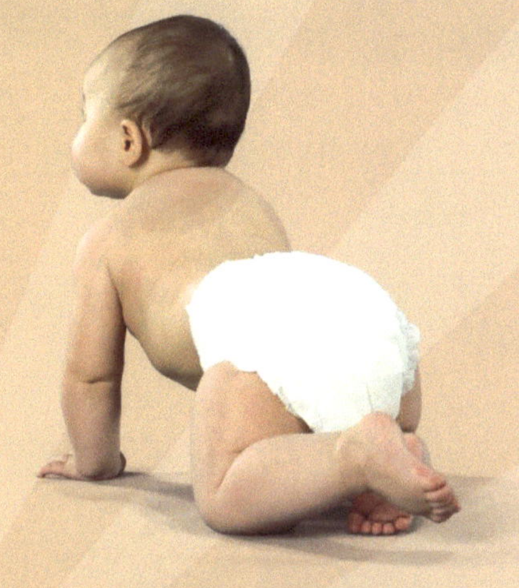

Rücken

спина

Schnuller

соска

Hochstuhl

стульчик для кормления

Seife

мыло

Zahnbürste

зубная щетка

Handtuch

полотенце

Töpfchen

горшок

Ring

кольцо

Armband

браслет

Halskette

ожерелье

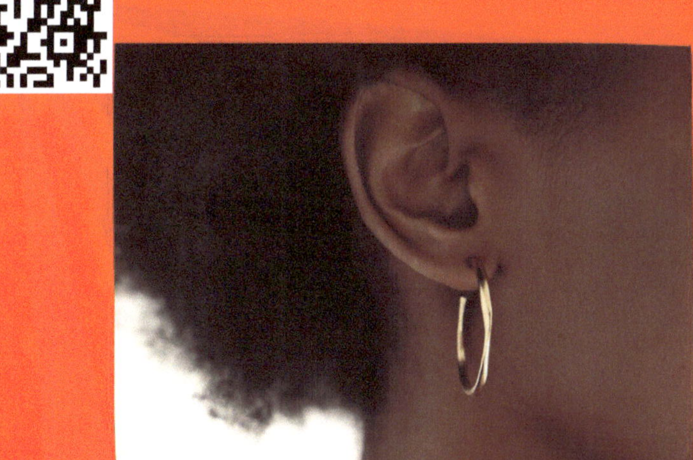

Ohrring

серьга

Schokolade

шоколад

Popcorn

попкорн

Marmelade

джем

Toast

тост

Honig

мёд

Butter

масло

Brot

хлеб

Eis

мороженое

Grieß

манная крупа

Reis

рис

Pasta

макароны

Suppe

суп

Milch

молоко

Wasser

вода

Saft

сок

Kiwi

киви

Himbeere

малина

Grapefruit

грейпфрут

Melone

дыня

Pflaume

слива

Aprikose

абрикос

Granatapfel

гранат

Feige

инжир

Heidelbeere

черника

Preiselbeere

клюква

Kaki

хурма

Litschi

личи

Früchte

фрукты

Gemüse

овощи

Avocado

авокадо

grüne Bohne

зеленая фасоль

Brokkoli

брокколи

Aubergine

баклажан

Erbsen

горох

Paprika

болгарский перец

Rote Beete

свекла

Salat

салат-латук

Endivie

эндивий

Artischocke

артишок

Lauch

лук-порей

Zwiebel

лук

Knoblauch

чеснок

Ingwer

имбирь

Walnüsse

грецкие орехи

Mandel

миндаль

Pistazie

фисташки

Cashew

кешью